PHOQUES ET OTARIES

PORTRAITS DU MONDE ANIMAL

Andrew Cleave

PML
EDITIONS

Ce livre a été conçu et produit par
Todtri Productions Limited

ISBN 2-7434-0551-1

Auteur : Andrew Cleave
Traduction : Christian Salzedo

Producteur : Robert Tod
Concepteur graphique : Mark Weinberg
Coordinateur de la production : Heather Weigel
Editeurs : Edward Douglas, Cynthia Sternau
Assistante éditoriale : Linda Greer
Photocomposition : Nord Compo, Villeneuve-d'Ascq

Imprimé et relié à Singapour

CRÉDITS PHOTOGRAPHIQUES

Photographe / Numéro de page

Innerspace Visions
Doug Perrine 5, 7, 10, 20, 33 (en haut), 38, 39 (en bas), 40 (en bas), 53 (en haut), 69, 71

Joe McDonald 17 (en haut et en bas)

Nature Photographers Ltd.
C. H. Gomersall 51
M. P. Harris 56 (à gauche)
W. S. Paton 47
Paul Sterry 22

Picture Perfect 42
Gerald Cubitt 28
R. Marion 24-25
John Warden 33 (en bas)

Tom Stack & Associates
Michael Bacon 48-49
Dominique Braud 42
Barbara Von Hoffmann 46
Thomas Kitchin 6, 31, 44, 64-65
Randy Morse 11 (en haut et en bas), 35 (en bas), 45 (en bas)
Brian Parker 16
John Shaw 30
Dave Watts 8-9

The Wildlife Collection
Dennis Frieborn 43
John Giustina 32
Martin Harvey 4, 15, 23, 27, 29 (en haut et en bas), 41, 50
Henry Holdsworth 36-37, 63 (en haut), 66 (en haut et en bas), 67, 68 (en bas)
Chris Huss 21, 39 (en haut), 45
Tim Laman 12 (en haut et en bas)
Stefan Lundgren 13, 53, 54 (en haut et en bas), 55
Michael Osmond 40 (en haut)
Jo Overholt 62, 70
H. Rappl 18, 56-57
Ed Robinson 52
G. Schultz 63 (en bas)
Jack Swenson 14, 19 (en bas), 34, 59, 60 (en bas), 61, 68 (en haut)
Tom Vezo 3, 19 (en haut), 58, 60 (en haut)

INTRODUCTION

Le phoque crabier des régions antarctiques est probablement l'espèce de phoque la mieux représentée au monde, avec une population dépassant cinquante millions d'individus. Plutôt que de crabes, ces phoques se nourrissent de krill, utilisant leurs dents spécialement adaptées pour filtrer l'eau.

Nombreux *sont les habitués des rivages qui ont aperçu, ne serait-ce que brièvement, des phoques ou des otaries. Quiconque a caboté le long des côtes découpées de la Grande-Bretagne ou de celles, plus sauvages, du Maine, sera familier de ce qui, de prime abord, ressemble à un ballon ballotté par les vagues, qui, soudain, prend vie, plonge et refait surface sous la forme d'un veau marin, fixant l'observateur de ses grands yeux si touchants. Le long des côtes occidentales de l'Europe du Nord, il n'est pas rare d'entendre, charriés par le vent et les vagues, les étranges hurlements poussés au loin par les phoques gris étendus sur les plages. Pour ceux qui ont eu la chance de visiter les îles Galápagos, il est une expérience inoubliable : celle de marcher*

parmi les sociétés de lions de mer qui ne manifestent aucun intérêt pour leurs visiteurs humains.

Peu de gens se sont aventurés sur la banquise pour observer les petits du phoque du Groenland, pourtant, l'image du bébé phoque tout blanc, vulnérable, aux yeux immenses, attendant le coup de bâton mortel du chasseur de peaux, est l'une des armes les plus puissantes dont disposent les défenseurs de l'environnement, et elle a beaucoup contribué à sensibiliser les gens au sort de ces animaux.

Les phoques sont présents dans tous les océans du monde mais c'est dans les régions les plus froides qu'ils sont les plus nombreux. Les mers plus chaudes, comme la Méditerranée ou la mer des Caraïbes, n'abritent que peu d'individus mais on peut encore voir ces animaux sur toutes les côtes, partout dans le monde. Certains phoques vivent isolés à l'intérieur des terres. Les phoques du lac Baïkal sont loin de leurs congénères, dans cette vaste étendue d'eau douce, et endurent l'un des hivers les plus rudes du globe.

Cette otarie à fourrure d'Afrique du Sud nous montre les attributs typiques de l'espèce : un nez pointu et de longues moustaches lui permettant de déceler la présence de proies dans l'eau. Les yeux larmoyants sont une caractéristique répandue chez les lions de mer et les otaries, qui produisent une sécrétion lubrifiante afin d'isoler leurs yeux de l'eau salée.

De jeunes lions de mer des Galápagos développent en jouant les capacités dont ils auront besoin plus tard. Ici, ils simulent des batailles dans les eaux peu profondes du bord de mer.

LES FAMILLES DE PHOQUES

La plupart des gens savent reconnaître un phoque même s'il y a, en fait, 33 espèces de phoques réparties en trois familles distinctes appartenant au même ordre : celui des Pinnipèdes. Ce nom scientifique est dérivé du latin *pinna*, « nageoire » et *pedis*, « pied ». Il se réfère aux nageoires de ces animaux qui occupent une place centrale dans leur façon de vivre. La première famille constituant l'ordre des Pinnipèdes est celle des Phocidés, les « phoques sans oreilles », dont il existe 18 espèces différentes. Leur tête est lisse et arrondie, sans oreille visible, bien qu'ils en aient et que leur ouïe soit excellente. La deuxième famille est celle des Odobenidés, et ne comporte qu'une espèce, le morse, immédiatement reconnaissable à ses défenses splendides et sa taille imposante. L'oreille externe du morse ne possède pas de pavillon mais il partage quelques-unes des caractéristiques du troisième groupe, les Otariidés, constitué par les otaries et les lions de mer, dont il existe 14 espèces, toutes pourvues d'oreilles.

L'adaptation à la vie marine

Tous les phoques sont adaptés à la vie marine, sans toutefois atteindre le degré d'évolution des baleines et des dauphins qui peuvent passer leur vie entière dans l'eau. Ils émergent et se rendent sur la terre ferme ou sur la glace afin de donner naissance à leurs petits. De nombreuses espèces passent chaque jour de longs moments sur terre, au bord de l'eau, pour se reposer après s'être nourries.

Le corps du phoque a dû s'adapter au milieu marin. Bien que l'eau soutienne le corps et permette un allégement de certaines structures comme le squelette, elle reste beaucoup plus dense que l'air et l'effort produit par un animal se déplaçant dans l'eau est donc plus important que s'il se déplaçait sur terre. L'eau est un conducteur de chaleur beaucoup plus efficace que l'air, aussi la déperdition de chaleur subie par un animal vivant dans l'eau sera plus rapide. L'eau contenant beaucoup moins d'oxygène que l'air, cette donnée physiologique oblige les mammifères marins à revenir en surface pour respirer, et plus l'animal est grand, plus ses besoins en oxygène sont importants. Les sons se propagent mieux sous l'eau et la communication s'effectue sur de plus vastes distances. Les phoques, grâce à leur ouïe fine, font bon usage de cette propriété.

Pages suivantes : Les otaries d'Australie sont surtout confinées à la côte sud-est de l'Australie et à la Tasmanie. Elles se regroupent en imposantes sociétés sur les îles du littoral. Les mâles de cette espèce sont probablement les plus grandes de toutes les otaries.

Un phoque moine d'Hawaii profite d'une vague rafraîchissante. Il se nourrit, surtout la nuit, de gros poissons et de calmars. Ses longues moustaches sensibles l'aident à trouver ses proies.

Un jeune veau marin émerge d'un trou dans la glace, aux environs du glacier Le Conte, en Alaska. Bien que la froideur de l'eau soit très proche de son point de congélation, le jeune phoque est isolé du froid par son épaisse couche de graisse et les eaux glacées ne l'incommodent pas du tout.

L'hydrodynamique

Tous les phoques ont un corps profilé, caractéristique qui se remarque surtout lorsqu'ils sont dans l'eau. Sur terre, certains phoques, tels les énormes éléphants de mer, ne sont pas à leur avantage, particulièrement lorsqu'ils essayent de se déplacer. Lorsqu'ils sont dans l'eau cependant, leur corps en forme de torpille permet une grande facilité de déplacement. Tous les appendices externes sont réduits et participent à ce profilage. La fourrure est lisse et n'offre que peu de résistance à l'eau. La tête se fond avec le torse sans cou, et le corps s'effile doucement jusqu'à la queue. Le corps du phoque est rendu encore plus hydrodynamique grâce à l'épaisse couche de graisse sous-cutanée tendant à lisser les parties saillantes du squelette. Les phoques flottent très bien et peuvent surnager sans effort.

La propulsion

Les membres des phoques sont courts comparés à ceux de la plupart des mammifères terrestres. Ce sont les os des membres antérieurs et postérieurs qui ont diminué le plus bien qu'ils soient en fait très solides et intégrés au corps. Les os des extrémités se sont au contraire allongés pour former les nageoires, rendues encore plus puissantes par l'addition de cartilage et d'une membrane natatoire. Chez les lions de mer et les otaries, les nageoires antérieures,

particulièrement longues, servent uniquement à la nage. Les griffes sont réduites, ce qui les rend inutiles pour la toilette mais idéales pour la propulsion. Les nageoires postérieures sont aussi renforcées par du cartilage. Les trois orteils médians sont terminés par de grosses griffes, que l'animal utilise pour sa toilette. Chez les Phocidés, les nageoires antérieures sont plutôt courtes et de forme arrondie, les doigts étant armés de griffes solides. Celles-ci s'avèrent très utiles lorsque l'animal se déplace sur terre. Les phoques marbrés se servent de ces griffes pour gratter les bords des trous qu'ils font dans la glace pour respirer et empêcher ainsi qu'ils se referment. Les phoques des

Grâce aux nombreuses tétées quotidiennes d'un lait riche en matières grasses, le bébé éléphant de mer grossit de manière spectaculaire. Il aura besoin de toute la protection ainsi dispensée lorsqu'il s'aventurera dans la mer pour la première fois car l'épaisse couche de graisse produite par ce régime très riche est essentielle à sa survie en milieu marin.

Un éléphant de mer nouveau-né tète le riche lait de sa mère qui, chaque jour, l'aide à constituer de larges réserves de graisse. Aucun autre mammifère n'a un lait aussi riche et cet aliment hautement nutritif dotera le jeune éléphant de mer d'une couche de graisse protectrice avant qu'il n'ait à se débrouiller tout seul en mer.

Ignorant les dangers qu'il devra affronter lorsqu'il subviendra à ses propres besoins, ce bébé lion de mer tète paisiblement sa mère sur un rocher ensoleillé des îles Galápagos. La mère surveille les alentours sans relâche pour protéger son petit d'éventuels dangers. Elle fera tout pour qu'il soit bien préparé à la vie en mer.

Un lion de mer des Galápagos se rafraîchit dans une flaque laissée par la marée. L'épaisse couche de graisse peut être un avantage dans les régions arctiques, mais ici, à l'équateur, elle n'est d'aucune utilité ! Les lions de mer s'étendent souvent dans des endroits leur permettant d'abaisser rapidement leur température.

régions antarctiques ont généralement de plus petites griffes que les espèces arctiques, mais tous utilisent leurs nageoires antérieures pour la toilette. Les nageoires postérieures des Phocidés sont en forme d'éventail et recouvertes de fourrure. Celles des espèces arctiques comportent des griffes tandis que celles des espèces antarctiques n'en ont pas.

Les lions de mer nagent un peu à la manière des pingouins, brassant l'eau de leurs longues nageoires antérieures ; les nageoires postérieures ne participent pas à la nage. Les puissants mouvements verticaux des nageoires antérieures sont ponctués par des mouvements plus souples vers l'arrière, la nageoire pliant à la dernière articulation.

Lorsque les phoques nagent, leurs nageoires antérieures, plus courtes, sont repliées le long du corps ; elles se logent dans une petite dépression de la couche de graisse de sorte que le profil hydrodynamique est maintenu. La propulsion s'effectue en alternant les battements des nageoires postérieures et les mouvements latéraux du bas du corps, un peu à la manière d'un gros poisson.

Les phoques peuvent utiliser leurs nageoires antérieures pour se stabiliser, et avancent grâce à de légères ondulations de la queue.

La forme du corps des deux familles principales reflète leurs différentes manières de nager. Les lions

Se rafraîchir dans une mare, c'est bien, mais pour un lion de mer, il est aussi sage de s'installer à proximité de l'eau afin d'échapper à d'éventuels dangers. Sur terre, le lion de mer est pesant et peu à son aise ; l'eau constitue son élément et il y est beaucoup plus en sécurité en cas de danger.

de mer, qui se servent surtout de leurs nageoires antérieures, ont des épaules puissantes et massives et l'arrière de leur corps est plus effilé. Les phoques présentent des épaules plus fines et un tronc plus musclé. En conséquence, ces derniers sont moins mobiles sur terre, se déplaçant avec difficulté en arrondissant le dos et en rampant, s'appuyant alternativement sur la poitrine et le bassin. Les lions de mer peuvent au contraire, grâce à leurs membres antérieurs plus puissants, se servir de leurs nageoires et maintenir leur corps au-dessus du sol. Ils se déplacent en général en s'appuyant alternativement sur chacune de leurs nageoires antérieures mais peuvent aussi ramener leurs nageoires postérieures sous eux en une série de pas.

Certaines espèces peuvent se déplacer plus rapidement en bougeant ensemble leurs nageoires antérieures, en voûtant le dos et en ramenant vivement leurs nageoires postérieures. Cet étrange galop ne peut cependant être soutenu très longtemps. Chez beaucoup d'espèces, les nageoires sont rugueuses par endroits et permettent à l'animal de s'agripper à la glace ou aux rochers et d'atteindre

parfois des vitesses impressionnantes : les otaries à fourrure australes peuvent se déplacer aussi vite qu'un homme qui court et un léopard de mer peut atteindre une vitesse comparable en se tortillant sur la glace. Avis aux photographes, donc ! Il faut se rappeler lorsque l'on s'approche des phoques pour les photographier qu'il peuvent se déplacer plus vite et plus aisément qu'on ne le croit.

Conserver la chaleur

La température du corps des mammifères est de 37 °C environ. La température d'un corps immergé dans l'eau de mer va chuter très vite à cause de la plus grande conductibilité de l'eau. Les hommes, tout comme d'autres mammifères terrestres, seraient très vite en sérieuse difficulté s'ils étaient plongés dans les eaux arctiques ou antarctiques pendant plus de quelques secondes. Pourtant, le phoque y passe la majeure partie de sa vie.

Plusieurs caractéristiques les aident à maintenir une température normale, quelle que soit celle de l'eau autour d'eux. La plus flagrante est l'épaisse couche de graisse qui recouvre et isole le corps. La

La trompe gonflée de l'éléphant de mer est impressionnante. Elle sert aussi de caisse de résonance et rend plus intimidants encore les grondements de l'animal.

graisse est un mauvais conducteur de chaleur et une couche épaisse aidera à la conserver à l'intérieur du corps. La plupart des phoques sont pourvus d'une couche de graisse d'environ 10 centimètres d'épaisseur recouvrant le corps tout entier à l'exception de la tête et des nageoires. Ces zones possèdent leur propre dispositif d'isolation thermique. Le flot de sang irriguant ces parties du corps peut être diminué, ce qui a aussi pour effet de conserver la chaleur à l'intérieur du corps. Le flot sanguin vers la surface du corps peut être réduit comme par exemple lors de plongées en eaux profondes où la température peut être beaucoup plus basse.

La fourrure recouvrant le corps du phoque agit aussi comme un isolant, particulièrement sur terre, lorsqu'elle est sèche, l'air étant emprisonné parmi les poils. Dans l'eau, la fourrure est moins efficace puisque la pression de l'eau chasse l'air ; si le poil s'imprègne totalement d'eau, son efficacité est encore réduite. Cependant, la fourrure retient une mince pellicule d'eau tout autour du corps. Cette pellicule contribue à l'isolation thermique, phénomène que peut constater quiconque se sert d'une combinaison de plongée.

C'est seulement lorsque l'eau circule autour du corps que la déperdition de chaleur est importante.

De jeunes lions de mer de Californie prennent un bain de soleil. Une fois adultes, ils souffriront de la chaleur à cause de leur épaisse couche de graisse mais, en attendant, ces jeunes animaux apprécient de paresser ainsi au soleil.

L'une des différences entre les phoques et les lions de mer tient à ce que ces derniers peuvent maintenir leur corps au-dessus du sol en s'appuyant sur leurs nageoires antérieures. Sous l'œil attentif de sa mère, un jeune lion de mer d'Australie pratique cette technique.

Ce veau marin hissé sur un rocher révèle un corps compact et de courtes nageoires. La tête ronde et les grands yeux sont des caractéristiques typiques de l'espèce. La couleur des veaux marins peut cependant varier, du marron très foncé au beige clair, en passant par des teintes argentées.

Un lion de mer des Galápagos importuné par les mouches nous montre les différentes utilisations et la souplesse de ses nageoires postérieures.

Une grande gueule et des dents solides sont essentielles pour le lion de mer ; sa bonne vue et ses moustaches sensibles l'aident à trouver les poissons dont il peut ensuite se saisir fermement.

La compacité du corps du phoque semble être une autre adaptation à la nécessité de conserver la chaleur. Il n'y a déperdition qu'à travers la surface du corps exposée au froid, aussi plus la surface est réduite et moins la chaleur se dissipera. Proportionnellement à leur volume, la surface du corps des phoques est plutôt petite (c'est-à-dire que leur corps fusiforme tend vers la sphère dont le rapport volume/surface est optima). Les phoques sont de grands animaux et le rapport entre le volume du corps et sa surface est favorable à la rétention de la chaleur.

Toutes ces adaptations ont permis aux phoques de vivre dans les régions les plus froides et les plus inhospitalières sur terre. Le phoque de Weddell des régions antarctiques s'est si bien adapté à son milieu que l'on en compte plus de cinquante millions. Pourtant, la température avoisine souvent – 40 °C et les seuls endroits où il lui est possible de s'étendre sont les glaces flottantes balayées par le vent. Certains phoques au contraire, comme le phoque moine d'Hawaii ou le lion de mer des Galápagos, vivent sous le soleil, dans un environnement extrêmement chaud. Ils doivent se baigner régulièrement pour se rafraîchir et ils s'étendent souvent à l'ombre. Leur couche de graisse est quelque peu réduite et ils paraissent plus minces que leurs congénères polaires.

La mue

La fourrure des phoques doit se régénérer à intervalles réguliers. C'est la mue, qui est parfois impressionnante chez ces animaux. Les lions de mer et les otaries perdent leur vieux pelage peu à peu et le remplacent graduellement ; la mue n'est donc pas spectaculaire. Chez les phoques cependant, elle intervient dans un laps de temps très court et nécessite une irrigation sanguine accrue de la peau, ce qui entraîne une plus grande déperdition de chaleur. Les phoques préfèrent donc rester plus souvent hors de l'eau jusqu'à ce que leur pelage soit remplacé. Les énormes éléphants de mer investissent le rivage en grand nombre et se blottissent les uns contre les autres pour conserver la chaleur. Non seulement leur pelage tombe, mais ils perdent aussi des lambeaux de peau. Ils sont donc particulièrement vulnérables au froid pendant la mue et peuvent rester hors de l'eau durant plusieurs semaines.

Des phoques de Weddell se servent de ce trou dans la glace pour respirer avant de pêcher. Ils peuvent plonger jusqu'à près de 600 mètres de profondeur. Leurs grands yeux les aident à compenser le manque de lumière et à trouver leur nourriture dans l'obscurité.

Pendant la mue, la fourrure des éléphants de mer du Sud tombe en lambeaux. Les animaux se regroupent en grand nombre sur les plages où l'odeur devient nauséabonde jusqu'à ce qu'ils regagnent la mer au début de l'hiver.

Les éléphants de mer peuvent se battre pendant des heures pour défendre ou conquérir leur territoire. Les séquelles des combats sont souvent sérieuses pour les deux adversaires. Leurs dents sont très solides et leurs poitrines très puissantes pour encaisser les coups au corps répétés.

Un lion de mer des Galápagos, silhouetté par le soleil couchant, envisage une partie de pêche nocturne. Ses moustaches sensibles lui permettent de localiser ses proies même dans l'obscurité.

Les sens

Les phoques, étant chasseurs, ont des sens très performants. Leur vue est particulièrement développée, ces animaux passant de longues périodes sous l'eau où la lumière est réduite. La sensibilité de la rétine est accrue grâce à une membrane réfléchissante choroïdienne similaire à celle présente dans les yeux d'un chat. Il est probable que les phoques voient en noir et blanc puisque leurs yeux sont dépourvus des cellules spéciales nécessaires à la vision polychrome (que l'on trouve dans l'œil humain par exemple). En contrepartie, leur vision reste bonne lorsque l'intensité lumineuse est faible. L'œil du phoque est pourvu d'une cornée presque sphérique pour compenser les propriétés réfringentes de l'eau. Lorsque le phoque est hors de l'eau, ses yeux doivent s'adapter à des conditions différentes, comme la lumière intense ; la pupille peut donc se rétracter à l'extrême pour protéger la rétine particulièrement sensible. Sur terre, les phoques sont constamment à l'affût d'éventuels dangers et ils évaluent la menace potentielle que pourrait représenter un de leurs congénères à travers sa posture et ses mouvements ; la vue leur est donc aussi importante en milieu marin qu'en milieu terrestre.

L'ouïe des phoques est bonne aussi bien sur terre que dans l'eau et ils sont capables de déterminer très exactement l'origine des sons sous l'eau. Sur terre, la plupart des phoques sont très bruyants et les mâles émettent souvent des grondements sonores pour établir leur territoire. Une importante société de lions de mer, par exemple, produira une cacophonie incessante jour et nuit. Les femelles appellent leurs petits et les jeunes répondent en émettant des appels que leurs mères reconnaissent. Les hurlements inquiétants des phoques gris sont fréquemment entendus le long des côtes rocheuses de la Grande-Bretagne et les pêcheurs sur les bancs de sable de la mer du Nord sont familiers des étranges grognements et aboiements des veaux marins. Le morse émet de curieux appels, pareils à des tintements de cloche, ainsi que des grognements et des grondements lorsqu'il est étendu sur le rivage. Les trilles, gazouillements et grondements sourds émis sous l'eau par les phoques de Weddell peuvent être entendus à 30 kilomètres à la ronde. Certains pensent que ces sons s'apparentent à ceux produits par les dauphins et au système d'écholocation des cétacés ; rien ne prouve cependant que les phoques utilisent l'écholocation. Leur cerveau est différent de celui, plus sophistiqué, des dauphins.

Les phoques sont capables de trouver leur nourriture dans l'obscurité. Leurs moustaches sont très sensibles aux vibrations dans l'eau ; elles peuvent déceler de légères turbulences, comme celles produites par les mouvements d'un poisson nageant alentour. En observant des phoques en captivité, on a pu constater qu'ils pointent leurs moustaches en avant lorsqu'ils chassent. Les animaux aux moustaches coupées, ou immobilisées avec de l'adhésif, ont beaucoup plus de difficultés à localiser leur proie.

Les phoques utilisent aussi leurs moustaches sur terre, pour communiquer. Pointées en avant, elles signalent l'agression. Les femelles peuvent éconduire les mâles trop entreprenants en essayant de leur mordre les moustaches, ce qui suffit généralement à tempérer leurs ardeurs. En présence d'un lion de mer agressif, sur le point d'attaquer, l'homme peut utiliser un bâton pour irriter les moustaches de l'animal qui, généralement, se retire très vite.

Ce lion de mer des Galápagos au corps profilé dévoile quelques-unes des caractéristiques typiques de l'espèce : de longues nageoires antérieures, des oreilles externes et un corps massif aux épaules puissantes.

OTARIES ET LIONS DE MER

Il y a neuf espèces d'otaries, toutes dotées d'une fourrure épaisse et fournie sous le pelage extérieur, une caractéristique qui en a fait la cible des chasseurs et qui a failli les mener à l'extinction. La chasse de la plupart des espèces est maintenant interdite ou strictement réglementée et la population a augmenté rapidement pour revenir à son niveau initial.

L'aspect

Mis à part leur fourrure fournie, les autres caractéristiques des otaries sont des oreilles proéminentes et une petite queue. La couche de graisse enveloppant leur corps est moins épaisse que chez les phoques ou les morses, par conséquent on distingue mieux leur cou et leurs grandes épaules musclées. Les otaries sont aussi plus vives, leur tempérament s'apparentant parfois à celui du chien. Lorsqu'elles marchent sur les rochers, elles écartent leurs nageoires postérieures mais, dans l'eau, celles-ci sont resserrées.

Les mâles adultes sont plus grands que les femelles. On les reconnaît à leur épaisse crinière. Le

*Pages suivantes :
Deux éléphants de mer massifs s'affrontent sur les îles Falkland dans l'Atlantique sud. La lutte pour la conquête des emplacements les plus convoités sur la plage occupe une grande partie du temps et les affrontements qui en découlent sont parfois sanglants.*

Une otarie à fourrure d'Afrique du Sud fait sa toilette. Ces animaux se nourrissent surtout de poissons et de calmars vivant en surface, qu'ils attrapent au cours de courtes incursions en mer non loin des zones de reproduction.

Les îles Pribilof, au large de l'Alaska, abritent d'importantes sociétés d'otaries à fourrure du Nord. Les otaries ont un museau plus pointu que celui des lions de mer et une épaisse fourrure, sous le pelage extérieur, semblable à du velours.

Les otaries ont une fourrure velouteuse fournie sous leur pelage extérieur encore plus épais. Les mâles sont dotés d'une abondante « crinière ».

museau est caractéristique : de forme carrée, hérissé par la moustache ; les mâles aiment à lever haut la tête lorsqu'ils s'assoient, dévoilant ainsi le profil typique de l'otarie.

Leurs yeux grands et sombres sont protégés par des sécrétions qui s'écoulent sur les joues et laissent des traces huileuses sur la fourrure. On pense que les otaries sont originaires des régions les plus

froides de l'océan Pacifique et qu'elles se sont ensuite disséminées dans d'autres zones, sous des climats plus chauds, donnant naissance à plusieurs espèces. L'otarie à fourrure du Nord est probablement l'espèce de phoque que l'on a le plus observée et étudiée.

On les chassait jadis sans relâche, à la fois en mer et sur les lieux de reproduction. La baisse de la population fut telle que l'espèce faillit disparaître. La chasse est maintenant limitée aux jeunes mâles non reproducteurs et les différentes espèces se sont en général très bien rétablies, au point que de nouvelles sociétés sont apparues. Les otaries sont capables de plonger à 100 mètres de profondeur en quête de poissons et de calmars et peuvent rester en mer pendant de longues périodes.

L'otarie à fourrure d'Amérique du Sud est plus petite et moins répandue. Cette espèce a beaucoup souffert de la chasse et ne se rétablit que lentement. Il y a plusieurs types d'otaries et certains sont considérés comme des espèces distinctes. Les plus petites otaries sont celles des îles Galápagos, où la population recensée n'est que modeste. L'espèce la plus grande est l'otarie d'Australie ; elle tend à rester sur les îles au large des côtes et, par conséquent, on ne connaît que peu de choses à son sujet. L'otarie à fourrure d'Afrique du Sud est aussi très grande et les effectifs demeurent relativement importants malgré plusieurs siècles de chasse intensive. La peau des jeunes d'environ six mois est la plus recherchée.

L'otarie des Kerguelen, que l'on rencontre dans l'Atlantique Sud, l'océan Indien et les îles subantarctiques, était au XIXe siècle la cible préférée des chasseurs de phoques, à tel point que la population chuta dangereusement.

De jeunes otaries à fourrure d'Afrique du Sud attendent le retour de leurs mères sur cette plage devenue zone de reproduction. Elles les accompagneront bientôt en mer pour chasser mais ne seront sevrées qu'à l'âge de un an.

Une colonie d'otaries de Nouvelle-Zélande a investi cette portion de côte rocheuse à l'ouest de l'île du Sud.

Un groupe d'otaries à fourrure d'Afrique du Sud joue dans les énormes rouleaux martelant la côte sud de l'Afrique. La chasse intensive dont elles ont été l'objet les a rendues farouches et elles se méfient des bateaux et des hommes.

Les otaries à fourrure d'Afrique du Sud ont élu domicile sur les îles rocheuses du littoral du Sud de l'Afrique. On les chasse toujours pour leur peau, mais l'abattage est strictement contrôlé et n'a lieu qu'en hiver.

Mais les effectifs ont remonté et de nouvelles sociétés sont même apparues. L'otarie des îles Guadalupe a moins de chance ; elle est toujours chassée par des braconniers qui perturbent les zones de reproduction et rendent l'espèce vulnérable. Une société s'est installée sur l'île Juan-Fernandez au large du Chili, très loin d'une autre colonie sur l'île Guadalupe au large de la basse Californie. Le Chili et le Mexique, dont dépendent respectivement ces deux îles, ont tous deux promulgué des lois visant à protéger ces animaux, mais leur avenir est toujours menacé. L'otarie de Nouvelle-Zélande n'a pas ces problèmes, on en compte plus de soixante mille, concentrées principalement sur des îlots rocheux au large de l'île du Sud en Nouvelle-Zélande et au sud-est de l'Australie. Elles sont parfois chassées par des pêcheurs australiens mais l'espèce est protégée. Ces animaux passent la majeure partie de l'année sur les zones de reproduction et, dans des régions moins isolées, seraient très vulnérables aux dérangements causés par l'homme.

Les lions de mer

Les lions de mer sont originaires du Pacifique nord et ont graduellement colonisé les zones plus froides du Pacifique sud. Ils sont très rares dans

La fourrure fournie des otaries est particulièrement luisante dans l'eau. Ces otaries des Kerguelen batailleuses habitent les îles subantarctiques. Au XIXᵉ siècle, elles furent menées au bord de l'extinction par les chasseurs de phoques.

Un mâle de l'espèce des otaries à fourrure du Nord émerge d'un trou d'eau rempli d'algues. Ces animaux passent beaucoup de temps en mer à la recherche de nourriture mais en été, pendant la saison des amours, les mâles reviennent sur les plages de reproduction et s'y disputent les emplacements les plus convoités.

l'océan Glacial Arctique, et il n'y en a pas du tout dans l'océan Atlantique. Leur fourrure est beaucoup moins fine que celle des otaries et ils n'ont pas sous leur pelage cette couche de fourrure fournie et soyeuse. Les nageoires antérieures diffèrent légèrement, le deuxième doigt étant plus long que le premier chez les lions de mer. Les otaries et les lions de mer occupent les mêmes zones de reproduction, mais leurs préférences en matière d'emplacement sont différentes. Les lions de mer choisissent les plages ouvertes pour se regrouper et donner naissance à leurs petits. Ils s'éloignent du rivage et des vagues déferlantes et s'avancent parfois assez loin à l'intérieur des terres. Ils se reproduisent un peu plus tard que les otaries. Les deux espèces se nourrissent principalement de poissons, sans entrer en compétition. Les lions de mer chassent plus près du rivage que les otaries et leurs incursions en mer sont donc beaucoup plus courtes. Les otaries préfèrent se hisser sur des rochers où l'accès à la mer est plus facile. Les espèces équatoriales telles que l'otarie des Galápagos choisissent presque toujours une grotte ou un rocher à l'ombre pour s'étendre, et les contacts entre les deux espèces sont donc limités.

Le lion de mer de Steller

Le lion de mer de Steller est l'espèce la plus septentrionale. Les mâles sont de très grands animaux, atteignant parfois près de 4 mètres de longueur. Ils sont très nombreux, notamment grâce aux importantes sociétés des îles Aléoutiennes. Leur peau n'est guère recherchée heureusement, mais ils souffrent des persécutions des pêcheurs, particulièrement dans le Pacifique nord.

Leurs colonies au sud-est de l'Alaska sont bien connues. Ils ont aussi élu domicile sur les îles Santa Barbara au large de la Californie. Le lion de mer de

Les lions de mer de Californie sont des nageurs hors pair, un atout essentiel à leur survie. Ils se servent souvent des déferlantes pour revenir plus vite sur le rivage.

Les lions de mer de Steller sont chassés par les pêcheurs dans certaines zones et ils se montrent donc très méfiants lorsqu'un bateau s'approche. Ils choisissent souvent des endroits comme celui-ci afin de pouvoir regagner très vite les eaux profondes si un danger les menace.

La fourrure des lions de mer est plutôt grossière. Il lui manque, sous le pelage extérieur, la fourrure dense et soyeuse des otaries. Mais lorsqu'elle sèche ainsi au soleil, elle semble lisse et luisante. La plupart des lions de mer portent les cicatrices d'un combat et ont aussi l'air dépenaillé pendant la mue.

Californie est beaucoup plus petit et sa population est surtout confinée aux côtes de la Californie et du Mexique. Il y a deux autres types de lions de mer que certains considèrent comme des espèces distinctes : le lion de mer des Galápagos, admiré et photographié par des dizaines de milliers de visiteurs chaque année, ne se rencontre que sur les îles Galápagos tandis que le lion de mer du Japon n'occupe que quelques îles de la mer du Japon. Le lion de mer de Californie est vif et confiant, et la plupart des otaries de cirque appartiennent à cette espèce.

Les lions de mer de Californie

Les lions de mer de Californie ont été l'objet de nombreuses études puisque leurs colonies sont accessibles et que les animaux eux-mêmes semblent assez bien disposés envers les hommes. Les plages abritant les zones de reproduction sont occupées pendant la majeure partie de l'année mais, au début du mois de mai, les grands mâles prennent possession de leur territoire et commencent à rassembler

leur harem autour d'eux. La colonie devient alors un endroit extrêmement bruyant, résonnant de grondements et d'aboiements alors qu'une hiérarchie s'établit parmi les mâles rivaux. Les femelles aussi se disputent les meilleurs emplacements et, jusqu'aux petites heures de la nuit, le bruit est incessant.

Les petits naissent en juin au milieu de cette frénésie de cris des mâles et des femelles, fusant de toute part, constamment. Leurs hurlements perçants viennent s'ajouter au reste du vacarme et, par conséquent, la présence d'une colonie de lions de mer pendant la saison de la reproduction est on ne peut plus clairement signalée. Environ deux semaines après avoir donné naissance à leurs petits, les femelles s'accouplent avec les mâles dominants, qui se dispersent ensuite progressivement. Quelques-uns restent sur leur territoire mais la plupart s'en vont vers de bruyantes et malodorantes « colonies de célibataires » à quelque distance des plages de reproduction.

Ils se nourrissent surtout de poissons et de calmars mais ne dédaignent pas les crustacés et autres

Que ce soit pour s'amuser
ou pour échapper à un prédateur
sous la surface, les lions de mer
de Californie utilisent souvent
les vagues déferlantes à la manière
des surfers humains.

Pages suivantes :
Un lion de mer des Galápagos
solitaire, se reposant sur une plage
de gros galets, nous montre les
caractéristiques de son espèce :
de longues nageoires antérieures
et une courte queue.

Bien que la chasse aux lions de mer
ait cessé dans la plupart des zones
qu'ils occupent, ils ont encore à
déjouer bien des dangers et se
prennent souvent dans les filets de
pêche. Ce morceau de chalut inflige
une blessure douloureuse et pénible
à un lion de mer de Californie.

35

Un lion de mer de Californie nage à travers une forêt de varech géant à la recherche de nourriture ; il est assez rapide pour attraper d'assez gros poissons et il se nourrit aussi de calmars et d'autres créatures marines lorsqu'il en a l'occasion.

On voit souvent les lions de mer étendus sur le rivage en groupes importants, et ce tempérament grégaire est parfois de mise sous l'eau où, là aussi, ils se regroupent et restent ensemble, peut-être pour chasser.

Des poissons pris de panique s'égaillent au moment où un groupe de lions de mer de Californie plonge et se met en chasse. Plusieurs gros poissons sont nécessaires pour satisfaire chaque jour l'appétit d'un lion de mer adulte.

Ces lions de mer
d'Australie observent
prudemment la plage
avant de sortir de l'eau.
La chasse de ces
animaux était jadis une
industrie et les pêcheurs
les persécutent toujours
car ils endommagent
les filets. Ils sont par
conséquent très méfiants
à l'égard des hommes.

Les lions de mer montrent
leur vrai visage lorsqu'ils
sont sous l'eau. Ce sont
des animaux très curieux,
prompts à examiner tout
ce qui les entoure. Cet
oursin n'est peut-être pas
un mets succulent mais il
procurera quelques
moments de détente au
cours de ce jeu improvisé.

créatures marines. On en compte plus de cinquante mille en Californie et, sur les îles Galápagos, leur population avoisine vingt mille individus. Au Japon, il n'en reste plus que quelques centaines.

Autres espèces

Le lion de mer d'Amérique du Sud est une espèce importante, confinée surtout à la moitié sud du continent et dont les sociétés sont réparties du sud du Brésil jusqu'au Chili et au Pérou. Les colonies des îles Falkland sont probablement les mieux connues. Ces animaux passent le plus clair de leur temps à proximité des lieux de reproduction, que cela soit en mer pour pêcher, ou bien sur terre où ils se blottissent les uns contre les autres pour dormir. En dépit de la protection dont elles font l'objet, les colonies des îles Falkland ont accusé une baisse sensible et inexplicable de leur population. Ailleurs, à cause de la chasse et des dérangements sur les zones de reproduction, certaines sociétés sont maintenant moins importantes, mais l'espèce n'est pas du tout menacée.

Il existe deux autres espèces dans l'hémisphère sud : le lion de mer d'Australie, qui est très grand, et le lion de mer de Nouvelle-Zélande, plus petit, mais qui, selon certains, ne serait qu'une variante de la même espèce. Le lion de mer d'Australie est un animal très impressionnant ; les mâles peuvent mesurer plus de quatre mètres. Leur fourrure est épaisse et leurs épaules massives.

A leur grande taille, ils allient un tempérament agressif et semblent ne jamais cesser de se battre entre eux même lorsque la saison des amours est finie. Les jeunes lions de mer n'ont pas la vie facile

Un lion de mer d'Australie s'enfuit, se précipitant vers la mer pour échapper aux dangers qui le menacent sur le rivage. De nature querelleuse, ces lions de mer se battent souvent entre eux et les perdants viennent alors se réfugier dans l'eau.

avec les individus adultes (leur mère mise à part), qui n'hésitent pas à les mordre et à leur infliger parfois de sérieuses blessures. Il en existe environ dix mille, répartis sur quelques îles abritant les zones de reproduction.

La population du lion de mer de Nouvelle-Zélande, plus docile, est d'environ cinquante mille.

Ces animaux ont élu domicile sur quelques îles au large de l'île du Sud, en particulier sur la Terre d'Enderby où vit une importante société. Dans les régions les plus froides où les zones de reproduction sont exposées au vent, ils se blottissent souvent les uns contre les autres pour se tenir chaud.

Un banc de maquereaux fait un détour pour éviter un lion de mer qui, s'il était affamé, en attraperait quelques-uns sans pour autant menacer le groupe tout entier. Cependant, bien qu'ils nagent très vite, les maquereaux sont souvent la proie de groupes de lions de mer chassant ensemble.

Un lion de mer du Sud mâle dévoile ses épaules massives et sa grosse tête au large museau retroussé, typiques de l'espèce. On trouve ces animaux sur les côtes d'Amérique du Sud où ils se reproduisent, loin des hommes, sur des promontoires rocheux isolés.

LES PHOQUES

L'oreille externe des phoques n'est pas pourvue d'un pavillon mais les phoques ont des oreilles et, d'après ce que l'on a pu constater, une ouïe très fine. Leurs corps sont profilés et ce sont d'excellents nageurs. Malgré la petite taille de leurs nageoires antérieures, ils sont aussi capables de se déplacer sur terre, un peu à la manière d'une grosse chenille, utilisant parfois leurs griffes pour bien adhérer au sol. Ils préfèrent s'étendre sur des rochers, ce qui leur permet de regagner la mer rapidement en cas de danger ; cependant, certains phoques des régions antarctiques peuvent parfois se retrouver à des kilomètres de la mer. Les phoques, c'est-à-dire la famille des Phocidés, sont répartis en deux sous-familles, les Phocinés, ou phoques arctiques, et les Monachinés, ou phoques moines, que l'on rencontre dans les eaux tropicales plus chaudes et en Antarctique.

Les Phocinés

Cette sous-famille comporte neuf espèces, toutes caractérisées par les solides griffes ornant les nageoires antérieures. Elles permettent à l'animal de se hisser sur les rochers et de se déplacer. Les phoques ont aussi des griffes sur les orteils médians des

nageoires postérieures. Une rangée de trois incisives arme chaque côté de la mâchoire supérieure et les petits de ces animaux se distinguent par leur fourrure blanche immaculée.

Le veau marin — *Phoca vitulina* — est un petit phoque au corps rond que beaucoup ont aperçu, malgré son tempérament craintif, car il vit souvent à proximité des côtes.

Toujours prêt à regagner la sécurité de la mer à la moindre alerte, un veau marin nerveux, que la marée descendante a isolé, se traîne jusqu'au rivage.

Un veau marin nage parmi les algues ; ces animaux affectionnent les eaux côtières, remontant parfois les estuaires et pénétrant dans les ports où ils pêchent des poissons plats.

Ce veau marin femelle vient de se hisser sur un fragment détaché de la banquise en compagnie de son petit, aux alentours du glacier Le Conte, en Alaska. Ces animaux méfiants ne s'aventurent que rarement sur le rivage. Ils lui préfèrent des endroits comme celui-ci, qui leur permettent de s'enfuir rapidement.

Il pénètre dans les ports et les estuaires et, bien qu'il ne s'aventure que rarement sur le rivage du continent, on le voit souvent sur des bancs de sable, des glaces flottantes ou des rochers isolés. La fourrure passe par deux couleurs principales, allant du gris pâle argenté à un marron foncé ou un beige clair. Le pelage est tacheté, généralement plus clair sur le dessous. Les mâles, dodus et potelés, sont très actifs dans l'eau et se livrent à d'impressionnants numéros d'acrobatie aquatique lorsqu'ils courtisent les femelles. Les petits naissent au début de l'été et peuvent plonger et nager une heure seulement après leur naissance. Cette faculté est une conséquence de l'habitude qu'ont les femelles de mettre bas sur des bancs de sable à marée basse.

Les veaux marins vivent autour des côtes nord-ouest de l'Europe, le littoral de la Grande-Bretagne notamment, abrite d'importantes colonies. Ils occupent aussi une vaste zone allant des côtes du Maine, aux Etats-Unis, jusqu'au sud de l'Alaska. Quelques spécimens vivent en eau douce dans les lacs à l'ouest de la baie d'Hudson et on les rencontre aussi sur la côte pacifique des États-Unis, de la Californie à l'Alaska et aux îles Aléoutiennes, et dans le Pacifique ouest, de la Corée au détroit de Béring. Plusieurs milliers de veaux marins sont abattus, pour leurs peaux ou par protection des zones de pêche commerciale. Malgré tout, la population s'élève à environ 500 000 individus.

Autres petits phoques

Le phoque à ruban du Pacifique nord est bien connu des chasseurs qui convoitent sa fourrure rayée marron et chamois. Il vit sur le site des sociétés pendant la majeure partie de l'année et ne s'aventure que rarement à proximité des côtes bien qu'on le rencontre parfois sur les îles Aléoutiennes et les îles Pribilof. Le phoque annelé est une espèce beaucoup plus commune vivant sur la banquise arctique. Il ne mesure qu'environ 1, 50 m et c'est l'un des phoques les plus petits. Il semble très grassouillet et on le reconnaît aux taches souvent entourées d'anneaux qui ornent sa fourrure sombre. On le voit fréquemment étendu sur la banquise, loin du bord mais à proximité d'un trou dans lequel il peut plonger si un ours polaire ou un chasseur vient à s'approcher. Les femelles creusent des galeries dans la neige sur la

Le « nez romain » du phoque gris émergeant de l'eau est une apparition familière sur les côtes nord et ouest de la Grande-Bretagne, zone de prédilection de cette espèce qui affectionne ce littoral rocheux et sauvage.

banquise afin de disposer d'un lieu abrité lorsqu'elles mettent bas mais elles sont parfois la proie des renards de l'Arctique et des ours polaires qui parviennent à les déloger. Malgré l'abattage de milliers de jeunes chaque année pour l'industrie de la fourrure, la population pourrait s'élever à 6 millions d'individus. Les phoques annelés se nourrissent de poissons mais aussi, en été, de grosses crevettes prélevées dans la couche planctonique de surface.

Il existe deux espèces très similaires, le phoque du lac Baïkal, de petite taille et confiné à ce vaste lac d'eau douce et le phoque de la mer Caspienne que l'on ne rencontre que dans cette mer. On pense que tous deux sont apparentés au phoque annelé et qu'ils ont évolué au court des longues périodes d'isolation du milieu de l'ère tertiaire, lorsque le continent asiatique était en partie submergé par de vastes mers intérieures. Les phoques du lac Baïkal endurent un des hivers les plus rudes de notre monde, s'abritant derrière les saillies de la glace ou dans des grottes creusées dans la neige. Ils pratiquent des trous dans la glace et les maintiennent ouverts afin de pouvoir continuer à se nourrir sous le lac gelé.

Le phoque gris

Le phoque gris est un animal de grande taille dont la population est surtout concentrée autour des côtes de la Grande-Bretagne, mais que l'on rencontre aussi beaucoup plus au nord autour des îles Féroé et des côtes de l'Islande et de la Norvège. De petites sociétés ont élu domicile dans la mer Baltique, et un bon nombre de ces animaux vivent dans le golfe du Saint-Laurent et autour des côtes de Terre-Neuve.

Un jeune phoque gris se repose sur un lit de varech que la marée a déposé sur le rivage.

Pages suivantes : Les phoques du Groenland donnent naissance à leurs petits sur la banquise, à l'abri des attaques de leur principal prédateur, l'orque. Malheureusement, si l'épaulard ne peut les atteindre, il n'en va pas de même pour les chasseurs.

La teinte dominante de leur fourrure est le gris. Chez les femelles, la fourrure est pommelée de gris plus foncé. La fourrure des mâles ainsi que les taches qui l'ornent sont d'une teinte plus sombre. Le « nez romain » est un trait caractéristique de ces animaux, particulièrement prononcé chez les mâles. Les phoques gris affectionnent les côtes rocheuses et sauvages exposées aux intempéries. Ils se reproduisent en automne sur des plages isolées, balayées par les vents. Ils se nourrissent surtout de poissons, plongeant sans difficulté à plus de cent mètres de profondeur. Ils attrapent souvent des poissons plats, des crabes et des clams mais jettent aussi leur dévolu sur les espèces de poissons recherchées par les hommes à cause de leur prix élevé. Par conséquent, les pêcheurs ne les aiment guère et les persécutent. Leurs hurlements sont devenus une caractéristique des zones les plus isolées du littoral britannique.

Les phoques du Groenland

Aucun autre phoque n'a bénéficié d'autant de publicité que le bébé phoque du Groenland — *Pagophilus groenlandicus* — à la fourrure éclatante et immaculée. Le tollé général contre le massacre de milliers de ces bébés phoques, poursuivis sur la banquise et tués à coups de bâton sous les yeux de leurs mères, a été déclenché par la profusion de photographies de ces animaux attachants. Malgré l'attention des média, des milliers d'entre eux sont encore abattus chaque année pour l'industrie de la fourrure. Les mâles adultes sont plutôt petits et leur fourrure est blanchâtre ornée de taches pie. On l'appelle phoque-harpe dans certains pays à cause du motif que dessinent ces taches sur le dos de l'animal. Chez les femelles et les petits, la fourrure tire plus vers le gris et les taches sont moins marquées. Les phoques du Groenland passent le plus clair de leur temps en mer, aux abords de la banquise, se nourrissant de plancton et de poissons de surface. A l'automne, ils s'en vont sur la banquise pour préparer la naissance de leurs petits à l'abri de leur prédateur principal, l'orque. Les petits naissent en mars et les mâles rejoignent alors la colonie pour s'accoupler aux femelles ; après quoi la colonie se disperse pour l'été. Il pourrait y avoir jusqu'à 5 millions de phoques du Groenland dans l'Arctique ; la majeure partie de la population vit sur les glaces, très loin du rivage.

Le phoque barbu et le phoque à capuchon

Le phoque barbu est un animal de bonne taille dont la fourrure ne comporte aucune marque distinctive. Elle est beige sur le dessus et d'une teinte grise, plus pâle, sur le ventre lorsqu'elle est sèche. Le trait le plus remarquable est l'épaisse moustache de poils jaunes et frisés, qu'ils utilisent pour localiser la nourriture au fond de la mer, des clams notamment. Les poils qui forment cette moustache deviennent en fait longs et droits dans l'eau. Les phoques barbus s'étendent généralement au bord des fragments

Les longues moustaches du phoque barbu l'aident à trouver sa nourriture dans les eaux troubles de l'océan Arctique et de la mer de Béring.

Un bébé phoque, de l'espèce du phoque du Groenland, se repose sur la glace, protégé du froid par sa couche de graisse et son éclatante fourrure. Cette dernière cause malheureusement sa perte puisque chaque année les chasseurs de phoques tuent ces animaux par milliers pour l'industrie de la fourrure.

détachés de la banquise, prêts à plonger si un ours polaire s'approche trop près. Les chasseurs esquimaux les apprécient pour leur peau très résistante.

L'étrange phoque à capuchon vit en pleine mer, dans l'Atlantique nord et l'Arctique, ne venant sur la banquise qu'au printemps pour se reproduire et en été pour muer. Les mâles adultes peuvent gonfler une poche sur leur nez pour intimider des congénères rivaux. Cette espèce souffre beaucoup de la chasse, à cause de l'épaisse toison des petits et de l'huile et du cuir solide obtenus à partir des animaux adultes.

Les Monachinés

Cette sous-famille comporte neuf espèces qui ont en commun certaines caractéristiques. Toutes ont deux rangées de deux incisives de chaque côté de la mâchoire supérieure et de la mâchoire inférieure, excepté l'éléphant de mer dont le maxillaire inférieur ne comporte que deux incisives. Les trois orteils médians sont plus petits que les deux autres et les griffes ne sont pas très grandes. La fourrure des nouveau-nés peut être grise, noire ou marron. Ils vivent dans les mers chaudes comme la Méditerranée ou la mer des Caraïbes, ou dans les eaux plus froides de l'Antarctique ou du Pacifique sud.

Les phoques moines sont une espèce rare et menacée. La population a chuté de manière préoccupante à cause de la persécution, de la destruction de l'habitat, et des dérangements sur les zones de reproduction. Ce sont de grands phoques à la fourrure sombre. Le phoque moine de la Méditerranée — *Monachus monachus* — ne se rencontre que sur quelques colonies très réduites ; les effectifs ont atteint le seuil critique et il est possible que l'espèce soit vouée à l'extinction. On chasse encore ces animaux malgré leur statut d'espèce menacée. C'est aussi le cas pour le phoque moine d'Hawaii, dont la population est un peu plus importante mais pas assez pour que l'espèce — *Monachus schauinslandi* — soit tirée d'affaire. Les requins contribuent aux difficultés qu'elle rencontre mais il y a d'autres facteurs comme les filets de pêche où ces animaux viennent se prendre ou les perturbations sur les zones de reproduction. Le phoque moine des Caraïbes a peut-être déjà disparu puisque l'on n'en a pas vu depuis des années. Il vivait jadis au large des Antilles, mais trois siècles de chasse impitoyable ont réduit la population à quelques individus seulement.

Un phoque moine d'Hawaii doit apprendre à éviter les filets sous peine de noyade. Bien qu'il soit extrêmement mobile sous l'eau, il semble incapable de détecter les filets la nuit, période où il se nourrit généralement.

Le phoque moine d'Hawaii vivait jadis en sociétés de plusieurs milliers d'individus. Chassés sans relâche pendant des siècles, il n'en reste plus aujourd'hui que quelques centaines qui choisissent des plages isolées et paisibles pour s'étendre.

Le petit phoque de Ross fut découvert en Antarctique dans les années 1840, et aujourd'hui encore, il demeure un animal méconnu, dont on sait peu de choses, à part qu'il se nourrit de calmars et qu'il partage les zones les plus isolées de la banquise avec le phoque crabier, beaucoup plus commun.

53

Le plus redouté
de tous les phoques,
le léopard de mer,
montre son énorme
gueule et ses dents
impressionnantes.
Sur la banquise, le
pingouin ne court
probablement aucun
danger, mais une
fois dans l'eau,
le léopard de mer
est son plus
mortel ennemi.

Ces phoques crabiers
affectionnent les
bords de la banquise
où le krill abonde
pendant les mois
d'été. Ils sont
souvent attaqués par
les épaulards
lorsqu'ils se
nourrissent et
beaucoup ont le
pelage marqué par
d'impressionnantes
cicatrices.

Le phoque de Ross, le phoque crabier et le léopard de mer

Le phoque de Ross est un petit phoque méconnu de la banquise antarctique. Sa fourrure est plutôt unie, sans marques si ce n'est quelques rayures pâles derrière la tête. Sa tête est relativement petite et ses grands yeux semblent particulièrement globuleux lorsqu'il la rentre, en cas d'alerte, pour émettre d'étranges trilles. Il se nourrit de calmars qu'il pêche en eaux assez profondes.

Le phoque crabier est l'espèce de phoque la mieux représentée ; en fait, c'est probablement le mammifère le plus commun sur terre avec une population estimée à 75 millions d'individus. C'est un grand phoque plutôt élancé dont la fourrure unie, d'une teinte gris-argenté. Les mâles adultes peuvent attein-dre une taille de 3 mètres et les femelles sont souvent un peu plus grandes. Ils vivent sur la banquise, loin des terres, et se nourrissent de krill. Leurs dents sont spécialement adaptées au filtrage de l'eau dont ils extraient leur nourriture. La relative inaccessibilité de leur habitat les a préservés des chasseurs.

Les léopards de mer sont des animaux que l'on dit féroces, et la vue de leur vaste gueule béante armée de dents acérées ne fait que confirmer cette réputation sanguinaire. Leurs proies favorites sont les pingouins, les gros poissons, et les petits des autres espèces de phoques. Ce sont des phoques puissants et musclés au cou étrangement flexible. Ils sont assez rapides dans l'eau pour attraper les pingouins qu'ils dépouillent ensuite en les frappant contre la glace avant de les engloutir.

La tête lisse d'un léopard de mer émerge des eaux glacées de l'Antarctique en quête d'une proie.

Sur terre, les léopards de mer semblent dociles et facilement approchables, mais ils se déplacent avec facilité s'ils se sentent menacés et intimident ceux qui tentent de couper leur retraite vers la mer.

Dans l'eau, ils sont très curieux, faisant surface tout près des débris marins ou des embarcations. Il suffit généralement de crier ou de frapper contre les parois du bateau pour les éloigner.

Les phoques de Weddell étendus sur la banquise antarctique ne craignent pas les hommes et leur permettront de s'approcher tout près. Les chercheurs ont appris beaucoup sur la biologie des phoques en étudiant ces animaux qui se montrent très coopératifs.

Le phoque de Weddell

Les phoques de Weddell vivent à proximité du rivage et leur personnalité est très différente de celle des léopards de mer. On peut s'approcher très près d'eux et les toucher sans même les réveiller lorsqu'ils se prélassent au soleil. Les chercheurs peuvent les relier aux appareils de contrôle, prendre des mesures et s'en aller ensuite tranquillement sans que le phoque en soit le moins du monde incommodé. Les femelles allaitant leurs petits peuvent être un peu plus sur la défensive mais ce ne sont pas des animaux farouches. Les phoques de Weddell restent dans l'eau pendant l'hiver ; avec leurs dents, souvent très ébréchées et usées, ils grattent les bords des trous qu'ils pratiquent dans la glace pour respirer afin d'empêcher qu'ils se referment. Ces phoques peuvent plonger parfois jusqu'à 600 mètres.

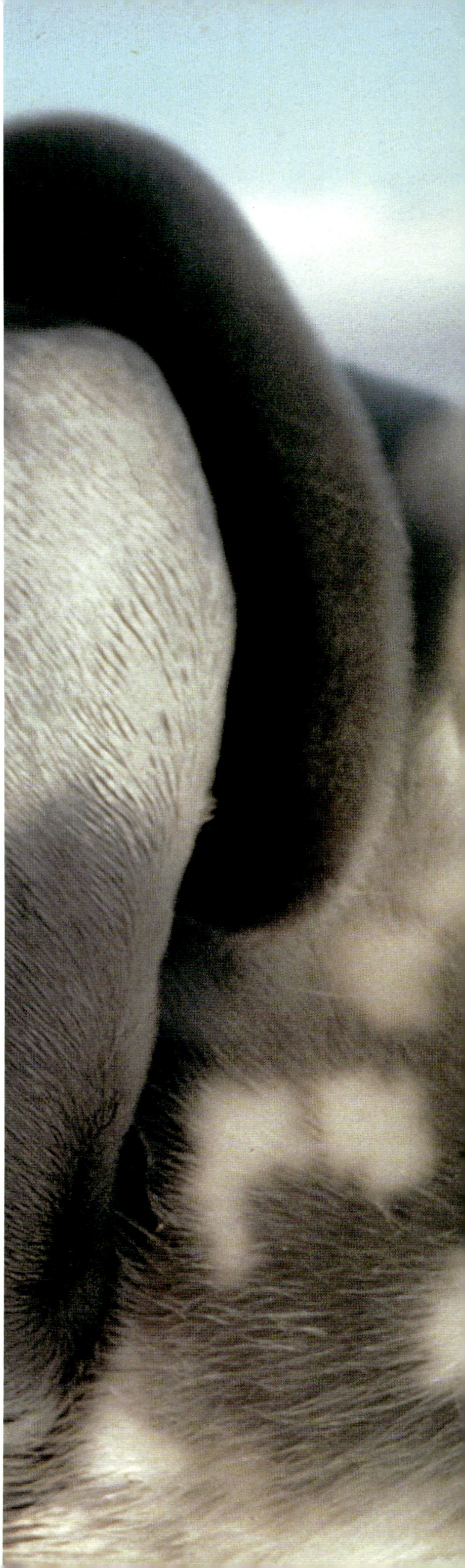

Protégé par son épaisse couche de graisse et sa fourrure fournie, un phoque de Weddell se repose sur les glaces, baigné par le soleil de l'Antarctique.

Les éléphants de mer

Ce sont les géants de la famille des phoques. Les mâles peuvent atteindre une taille de 6 mètres. Un éléphant de mer mâle de quatre tonnes est certainement est animal très impressionnant, surtout lorsqu'il mugit pour défendre son territoire. Les femelles mesurent de 3,50 m à 4 mètres et pèsent considérablement moins. En plus de leur masse imposante, les éléphants de mer se distinguent par leur trompe qui pend au-dessus de la gueule. Elle peut être gonflée lorsque l'animal cherche à intimider un de ses rivaux et elle produit ces appels sonores servant à établir le territoire sur la zone de reproduction.

En décembre, les mâles dominants prennent position sur les plages ; ils rassemblent leur harem autour d'eux au début du printemps. Les petits naissent au commencement de l'année et les mâles s'accouplent aux femelles peu après. Après une brève période passée à l'écart des zones de reproduction, les éléphants de mer investissent de nouveau les plages en été pour muer. Au XIXᵉ siècle, l'éléphant de mer du Nord — *Mirounga angustirostris* — était chassé implacablement et on pense qu'il ne restait plus en 1890 qu'une vingtaine de ces animaux. On en compte jusqu'à trente mille, vivant sur les îles au large de la Californie et de la basse Californie.

L'éléphant de mer du Sud — *Mirounga leonina* — un peu plus gros que son homologue septentrional, est le plus lourd de tous les phoques. Il est aussi beaucoup plus commun. D'importantes sociétés se sont établies au large de l'Argentine et sur de nombreuses îles subantarctiques, mais on les retrouve parfois autour des côtes néo-zélandaises, australiennes et sud-africaines. Les éléphants de mer peuvent passer de longues périodes en mer et sont capables de plonger parfois jusqu'à 1000 mètres. Ils se nourrissent de poissons et de calmars.

Parce que l'on extrayait de leur graisse une huile prisée, les éléphants de mer du Nord furent chassés implacablement au XIXᵉ siècle et au début du XXᵉ siècle, à tel point que l'espèce faillit disparaître. On compte aujourd'hui plusieurs dizaines de milliers de ces animaux et les effectifs sont revenus à leur niveau de jadis.

Un groupe d'éléphants de mer femelles a trouvé un endroit abrité pour mettre bas. Il est important que les nouveau-nés disposent d'un environnement où ils sont en sécurité pendant les premiers jours de leur vie puisqu'ils ne savent pas encore bien nager. Ici, dans cette zone retirée, ils seront aussi à l'écart des énormes mâles.

L'éléphant de mer
du Sud est le plus
gros de tous les
phoques. Ces
animaux passent
la majeure partie
de l'hiver en mer,
et ne reviennent sur
terre que pour se
reproduire et muer,
sur des plages
isolées où ils restent
vautrés pendant
des heures.

Epuisé par les rixes
incessantes, un
éléphant de mer
mâle se repose sur la
plage. Les cicatrices
laissées par les
récents combats
sont visibles sur
sa trompe.

L'éléphant de mer
mâle, le plus grand
de tous les phoques,
a probablement été
nommé ainsi à
cause de sa trompe,
qu'il peut gonfler et
qui atteint des
proportions assez
grotesques. Elle est
utilisée ici dans le
cadre d'un rituel
d'intimidation
visant à défendre
son territoire.

MORSES ET LAMANTINS

Les morses, qui forment l'une des trois familles de l'ordre des pinnipèdes, sont représentés par une unique espèce vivant dans les eaux arctiques. Ils n'ont pas d'oreille externe et presque pas de fourrure.

Signes distinctifs

Les principaux signes distinctifs sont leur énorme masse, leurs défenses et leur museau très poilu. Un mâle adulte peut atteindre une taille de 3, 50 m ; les femelles sont un peu plus petites. La tête est arrondie, le museau large et hérissé de poils, et les yeux sont petits, très différents des grands yeux touchants des phoques. Le corps massif et quelque peu disgracieux ainsi que l'étrange expression du morse en font le phoque le moins attachant, selon certains observateurs. Mais lorsqu'il est dans l'eau, le morse devient beaucoup plus gracieux et attrayant.

Les imposantes défenses sont utilisées par les mâles pour intimider leurs rivaux, et par tous les morses pour se hisser sur la banquise. On pensait que les morses s'en servaient pour ratisser le fond de la mer et attraper des clams, puisqu'elles sont souvent ébréchées et abîmées comme s'ils les avaient heurtées à des rochers, mais il est plus probable qu'ils les aient endommagées en se hissant à terre.

Lorsqu'ils se nourrissent, les morses se mettent à la verticale, leurs défenses reposant sur le fond de la mer, un peu à la manière des patins d'une luge. Leurs

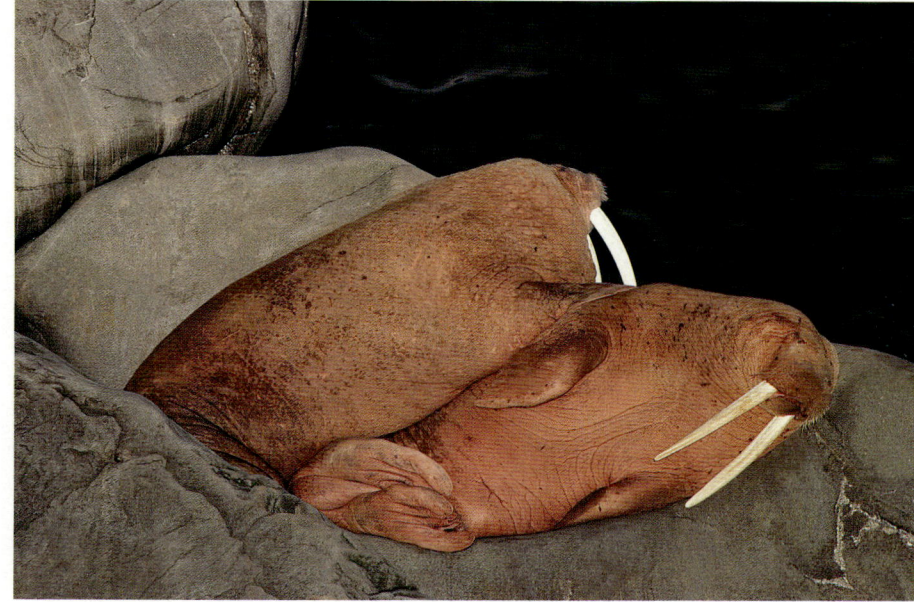

moustaches sensibles leur permettent de détecter les palourdes dans la boue, pour ensuite les aspirer. Leurs dents sont assez solides pour écraser les coquilles et ils mangent une variété de mollusques à coquilles épaisses. Les morses sont d'un tempérament grégaire, et c'est généralement en nombre important qu'ils regagnent leurs plages favorites.

Il existe deux types de morses : le morse du Pacifique *(Odobenus rosmarus divergens)*, vivant sur les glaces des mers de Béring, des Tchouktches des Laptev et de Sibérie orientale.

Le morse de l'Atlantique — *Odobenus rosmarus rosmarus* — est représenté par des colonies éparpillées sur les îles et glaces flottantes au large de la baie d'Hudson, de la Terre Ellesmere et du Groenland. On

Le morse étendu au soleil est sujet à l'hyperthermie. Le sang circule à la surface de la peau, permettant à la chaleur de s'échapper et donne à l'animal cette couleur rouge.

Malgré leur énorme masse et leur apparence plutôt ingrate, les morses sont d'excellents nageurs. Leurs nageoires sont très efficaces, leur permettant d'atteindre le fond et de remonter ensuite rapidement à la surface après s'être nourris.

Les longues défenses des morses sont très utiles pour hisser leur énorme masse sur la glace. Ils les utilisent aussi pour chercher des clams au fond de la mer.

Pages suivantes : Cette vaste colonie de morses du Pacifique serrés les uns contre les autres et somnolant paisiblement sur l'île Round, en Alaska, nous montre à quel point cet animal est sociable. Ils peuvent se reposer ainsi pendant des heures ; seule une chamaillerie occasionnelle vient parfois troubler la paix.

le rencontre aussi plus à l'est, au large du Spitzberg et dans la mer de Barents. Le morse du Pacifique a une plus grosse tête et de plus grandes défenses. Le cuir, l'huile et l'ivoire de ces animaux sont toujours recherchés et l'on continue à les chasser, même si ce n'est pas sur une aussi grande échelle qu'autrefois. Certaines colonies sont dépeuplées et requièrent une protection spéciale. Malgré tout, on compte environ 150 000 morses dans le monde et, dans certaines zones reculées, la population augmente légèrement.

Les lamantins

Les lamantins sont d'étranges mammifères marins. Leur corps n'est pas aussi bien profilé que celui

*Lorsque le morse repose paisiblement à terre, sa peau prend une couleur rose, d'où son nom scientifique **rosmarus**. Une fois qu'il regagne la mer, elle revient à un gris terne puisque le sang ne l'irrigue plus.*

Le large museau poilu joue un rôle important chez le morse. Les moustaches l'aident à trouver, dans une obscurité totale, les clams et autres coquillages vivant au fond de la mer.

Sans trop de conviction, deux morses livrent bataille sur leur site favori, arborant tous deux d'impressionnantes défenses. La taille des défenses reflète le statut de l'animal. Ici, le combat est équilibré.

L'air plus frais du cercle polaire arctique empêche ces morses d'avoir chaud. Sur les glaces flottantes, leur couleur demeure d'un gris-marron terne.

Avec cette imposante société de morses reposant sous le soleil estival, on peut voir la vie en rose pendant des heures sur l'île Round en Alaska. Des générations de morses ont utilisé cette plage inaccessible, à l'abri des prédateurs.

des phoques et ils ne sont pas aussi agiles dans l'eau. Ils sont confinés aux eaux chaudes et peu profondes des côtes. Le squelette est massif, les côtes et le crâne épais. Les mâchoires ne comportent ni canine ni incisive, mais des molaires destinées à broyer la nourriture. Ces dents avancent peu à peu sur le devant de la mâchoire, repoussées par les nouvelles molaires qui les remplaceront lorsqu'elles seront usées et qu'elles tomberont. La queue en forme de pelle est assez grande, les nageoires sont aplaties comme des pagaies et comportent trois griffes.

Il en existe trois espèces vivant dans les Caraïbes, au large des côtes équatoriales de l'Afrique de l'ouest et dans le bassin de l'Amazone. Le lamantin des Caraïbes est connu des visiteurs des côtes de Floride où il en reste environ un millier. Ce sont des animaux très timides et secrets, aux mœurs paisibles.

Cependant, peu se sont habitués au voisinage des humains et ont été étudié de près. Ils se nourrissent d'habitude d'élodées et autres plantes aquatiques. Plutôt que leurs petits yeux brillants, c'est leurs moustaches qu'ils utilisent lorsqu'ils recherchent leur nourriture. Ils peuvent à peine élever la tête au-dessus de l'eau, mais on les voit parfois « brouter » les plantes grasses du rivage. Ils sont totalement sans défense sur terre et, par conséquent, la reproduction, la naissance et l'éducation des petits se passent dans l'eau. Vulnérables aux perturbations causées par les hommes, ils souffrent particulièrement des blessures infligées par les hélices des bateaux. Il faut, pour que leur population augmente, qu'ils bénéficient d'une protection spéciale. On les entend parfois échanger d'étranges couinements mais ce sont des animaux très calmes.

Un lamantin des Caraïbes et son petit nagent paisiblement dans une passe peu profonde sur la côte de Floride. Des plongeurs ont réussi à gagner la confiance de certains lamantins et à s'approcher tout près d'eux mais ces animaux sont en général très méfiants à l'égard des hommes, notamment à cause des blessures que leur infligent les hélices des bateaux.

La conservation des espèces

Certains phoques vivent dans un environnement extrêmement rude, endurant les hivers les plus rigoureux de la terre et une température qui est constamment en dessous de zéro. Ils sont capable de plonger à de très grandes profondeurs et, bien qu'ils ne soient pas aussi bien adaptés à la vie aquatique que les dauphins et les baleines, ils ont su exploiter des conditions extrêmes avec beaucoup de succès. Certaines espèces comptent plusieurs millions d'individus mais pour l'unique raison qu'elles vivent dans des zones inaccessibles, trop loin des hommes pour souffrir de leur impact néfaste. Malheureusement, certaines espèces sont menacées, non seulement par la chasse qui continue, mais aussi à cause de la pollution, de la diminution des réserves de poissons et de la destruction de l'habitat. Quelques espèces sont très proches de l'extinction et il se pourrait qu'elles ne récupèrent jamais malgré les mesures de protection tardives dont elles bénéficient.

Le tollé général dans l'opinion publique, provoqué par le sort des bébés phoques du Groenland, a contribué à ralentir le massacre de ces animaux mais l'attention devrait maintenant se tourner vers des espèces comme le phoque moine qui pourrait disparaître dans les prochaines années. Il devrait y avoir assez de poissons dans la mer pour les phoques et les hommes, et ceux qui partagent cet environnement aquatique avec ces créatures fascinantes devraient apprendre à ne plus le détruire avant que d'autres espèces animales ne disparaissent à jamais. Les phoques, comme les baleines et les dauphins, peuvent vivre dans cet environnement sans lui causer aucun tort.

La peau rosée de ce morse contraste avec les rochers recouverts d'algues. En été, de longues heures sont ainsi passées à paresser et à digérer le dernier repas de palourdes.

Un lamantin à la peau recouverte d'algues nage dans les eaux peu profondes d'une crique paisible en Floride. Les lamantins paissent la végétation aquatique et vivent généralement en solitaire, évitant l'activité humaine lorsque cela est possible.

INDEX

*Les numéros de page en **caractères gras** renvoient aux légendes des photographies.*